Hazon.

Éloge historique
de
M. Thomasseau de Cursay.

ÉLOGE HISTORIQUE

DE

M. THOMASSEAU DE CURSAY,

CONSEILLER-MÉDECIN-ORDINAIRE

DE LOUIS XIV;

Par M. HAZON, docteur-régent de la faculté de médecine en l'université de Paris.

Honora medicum .... a rege accipiet donationem : disciplina medici exaltabit caput illius ; & in conspectu magnatorum collaudabitur.	Honorez le médecin .... il recevra des présens du roi : la science du médecin l'élevera en honeur ; & il sera loué d'une voix unanime en présence des grans.

Eccli. c. 38. ℣. 1. 2. 3.

Rien ne contribue tant à la réputacion d'un médecin, que les bones meurs & une vie sans reproche. *Hippoc. tr. du médecin.*

A PARIS,

M. DCC. LXXVIII.

AVEC APROBACION ET PERMISSION.

(5.)

N. B. Le frontiſpice & ſon ortografe n'apartiennent point à l'auteur de cet éloge hiſtorique.

ÉLOGE HISTORIQUE
DE
M. THOMASSEAU DE CURSAY.

Une famille qui réunit dans ſon ſein des hommes qui ſe dévouent à la patrie, ſoit en repouſſant l'ennemi, ſoit en exerçant un premier emploi municipal (1), ſoit en veillant à la conſervation des citoyens par le ſoulagement & la guériſon des infirmités humaines: une telle famille, illuſtrée d'ailleurs par différentes diſtinctions, mérite bien de fixer les regards de la poſtérité. Si le laps du temps jette le voile de l'oubli ſur tant d'actions vertueuſes (& il n'y a que celles-là qui ſoient héroïques), au moins aimons-nous que l'on nous en rappelle le ſouvenir, & qu'on les expoſe de nouveau ſous nos yeux.

Joſeph Thomaſſeau de Curſay, médecin de la faculté, étoit un rejeton de l'une de ces familles illuſtres qui, par ſentiment, ſe livrent aux unes ou aux autres de ces profeſſions, dans la vue de faire du bien.

Sa famille, diſtinguée dès le quatorzieme ſiecle, & originaire de l'Anjou, y poſſédoit les fiefs & ſeigneuries de *Curſay*, *Landry*, *Mont-*

A 2

villiers, & *des Roches*, terres adjacentes au duché de *Briſſac :* (2) les alliances du côté des femmes tenoient aux plus grandes maiſons de la province, & même de la France.

Si les illuſtrations des aïeux réfléchiſſent des rayons ſur les deſcendans, nous dirons que celui dont nous entreprenons l'éloge, étoit arriere-petit-fils de *Louis* Thomaſſeau de Curſay, capitaine expérimenté, qui avoit ſervi long-temps dans les *Bandes-Noires*, ſous MM. de Coſſé-Briſſac.

Au mois d'août 1572, le duc de Guiſe (qui avoit plus d'autorité que le roi), lui écrivit pour l'engager à faire exécuter, à Angers, pendant la nuit de *la ſaint-Barthelemi*, le maſſacre qui avoit été décidé au conſeil. Ce généreux officier, natif de la même ville, répondit au prince, avec la fierté que dicte la vertu :

MONSEIGNEUR,

Je porte d'honorables marques de mon zele & de ma fidélité pour le ſervice de mon roy : je chéris plus ces bleſſures que les marques d'honneur dont votre alteſſe veut me décorer, parce que je les ai acquiſes par des actions nobles. Vous me dénigreriez dans votre cœur, MONSEIGNEUR, *ſi je les acceptois en vous obéiſſant dans un office qui ne convient qu'aux ennemis du roy & de ſon état : il n'y a pas icy un ſeul homme dans les citoyens, ni dans la raſſataille, qui ne ſoit prêt à ſacrifier ſon bien & ſa vie pour le ſervice du roy; mais il n'y en a pas un ſeul dans ces différens états qui voulût exercer un office auſſi odieux, & ſi contraire à l'humanité.*

Je ſuis, &c.

ſigné, THOMASSEAU DE CURSAY.

Ce 13 *Août* 1572.

PLUTÔT MOURIR, QUE SE SOUILLER. (Deviſe bien convenable aux armes de cette famille).

Sept autres officiers militaires, commandans aux diverſes provinces du royaume, avoient refuſé, avec M. de Curſay, d'exécuter les ordres pour *la ſaint-Barthelemi*. La Grece n'eſt donc point la ſeule à compter ſept ſages, puiſqu'en voilà huit en France !

Horace les avoit célébrés chacun, bien des ſiecles auparavant :

> *Rejecit alto dona nocentium*
> *Vultu*,........
>
> HOR. Liv. IV. Od. 9.

Ce zélé partiſan de la religion & de l'état, aidé par M. de Landry, ſon frere, fut le libérateur du château & de la ville d'Angers, dont les huguenots s'étoient emparés, & les remit auſſi-tôt (en 1585) à M. Batarnay, comte du Bouchage, commandant pour le roi.

> . . . *& per obſtantes catervas*
> *Explicuit ſua victor arma*. . . . . Ibid.

Curſay avoit levé & armé à ſes propres frais, pour cette expédition, des bourgeois & des ouvriers de la ville, dont il ſe ſervit comme de ſoldats. Il mérita donc la couronne civique en ces deux années 1572 & 1585. (Chez les Romains c'étoit la plus eſtimée de toutes les couronnes : (OB CIVES SERVATOS).

Si nous voulions faire connoître cette famille illuſtre autant qu'elle le mérite, nous dirions que *Louis-Paul* Thomaſſeau, ſeigneur de Landry, officier d'artillerie, mathématicien, ingénieur, célebre dans la pyrotechnie militaire, a donné au roi Henri III d'excellens mémoires en ce genre. Il avoit ſervi ſous ſept généraux ou grands-maîtres de l'artillerie; s'étoit trouvé dans toutes les grandes actions qui ſe ſont préſentées dans ce temps-là; & en particulier, à la bataille de Montcontour, commandée par le duc d'Anjou, contre l'amiral de Coligny, en 1569; & à celle de Coutras, commandée par le duc de Joyeuſe, en 1587. Ce fut après cette action, où Thomaſſeau de Landry ſe diſtingua beaucoup, par la double charge qu'il donna à l'ennemi, qu'il fut ceint de l'épée, & armé chevalier par le duc d'Anjou, connu depuis ſous le nom de Henri III.

Paul-André Thomaſſeau, ſeigneur de Montvilliers, paſſa à Malthe, en 1564, ſur l'invitation qui lui en fut faite, & il ſervit en qualité d'ingénieur en ſecond, à la défenſe de cette place, aſſiégée par Muſtapha & le bacha Piali. L'ingénieur en chef ayant été tué, Montvilliers commanda en ſa place, & fit tant de prodiges de ſçavoir & de valeur, qu'il contribua beaucoup à la levée du ſiege & à la délivrance de cette iſle. Le grand-maître (*Jean* de la Valette-Pariſot), pour reconnoître ſes ſervices, l'aggrégea à l'ordre, lui donna la croix, & le droit pour ſa poſtérité, tant mâle que femelle, de la porter, par l'aîné, avec les marques d'honneur d'uſage à l'ordre. Montvilliers étant décédé, ſans alliance, à Rome, en 1579, l'ordre de Malthe lui fit une pompe funebre, pareille à celle de ſes grands baillis.

Paul-Auguſte Thomaſſeau, appellé le chevalier des Roches, ayant ſervi à Malthe, avec Montvilliers, ſon frere; le grand-maître l'envoya au roi & à la reine-mere, pour leur faire part de la levée du ſiege.

Nous ne nous étendrons pas ſur le ſçavoir & la tolérance éclairée de *Loüis-Joſeph* Thomaſſeau, conſeiller-aumônier, & confeſſeur de la reine

Catherine de Médicis. Cet homme de confiance fut disgracié à cause de ses liaisons avec le chancelier de l'Hôpital.

Il suffit d'ajouter qu'*Alexandre* Thomasseau de Cursay, aïeul de notre confrere, fut surnommé *Juliomagus*, parce qu'il fut tenu, en 1565, sur les fonts-baptismaux, par le corps, ou les représentans de la ville d'Angers; preuve incontestable de l'estime & de la considération singuliere que la ville avoit pour cette famille illustre qui avoit si bien mérité.

L'an 1553, *André-Paul* Thomasseau de Cursay & de Landry, docteur ès loix, doyen des maires & échevins d'Angers, fut choisi par le corps-de-ville pour poser la premiere pierre de reconstruction du vieux quai *Loricard*, & depuis nommé *Thomasseau*, situé dans le retour & à la culée des *grands-ponts*. Cet illustre citoyen fit frapper & distribuer, à cette occasion, des jetons symboliques d'une reconstruction que fit très-anciennement le premier comte d'Anjou, duquel est descendu la maison de France, avec ce type ou inscription qu'il fit aussi encadrer dans les fondations :

AN. 867. REG. CAROLO II. FRAN. REGE,
ROBERTUS FORTIS, MARCH. FRADREN.
I. COMES ANDEGAVUS, SUMPTIBUS SUIS
ANDEGAV. CIVIT. REÆDIFICAVIT.

Au revers du type ſont l'année de la nouvelle conſtruction du quai, le nom & les armes de Thomaſſeau. De tout temps, les armoiries de cette maiſon ſont *de ſable, à l'émanche d'argent de cinq pieces, en pointe de l'écu;* ce qui ſignifie en langage héraldique : ENNEMIS VAINCUS ET DÉPOUILLÉS. Depuis, les mêmes armoiries ont été ſurmontées de la couronne civique.

Cette famille, illuſtrée par des alliances, & qui, dans deux ordres de l'état, le ſervit ſi utilement en des temps critiques, perſécutée par les huguenots, peu ſoutenue par la reine *Catherine* de Médicis, tombée même à la fin dans ſa diſgrace, reſtée en butte au reſſentiment de la maiſon de Guiſe, & deſſervie par le chancelier Poyet, à raiſon d'intérêts de famille ; ſe vit hors d'état de continuer, avec quelque diſtinction, le ſervice militaire.

NONOBSTANT toutes ces infortunes, *Joſeph* Thomaſſeau de Curſay (dont il va être ici principalement queſtion) ne voyant d'abord, & ne reſpirant que la gloire de ſes ancêtres; préjugé qui ſe tranſmet ordinairement de race en race, entra dans le militaire & dans une compagnie noble, les mouſquetaires du roi. A peine eût-il ſervi deux ans, que la délicateſſe de ſa ſanté, & plus encore ſon inclination bienfaiſante le firent ſortir de l'état de ſes aïeux, & l'entraînerent dans une profeſſion plus amie de l'humanité. Il fit ſes cours de médecine à Paris & à Montpellier, paſſa docteur dans ces deux facultés célebres : celle de Paris le reçut le 10 février 1677, âgé de 34 ans.

Quoique la doctrine de la *circulation du ſang* ne dût plus être problématique dans le ſiecle dernier, puiſqu'elle a été connue d'*Hippocrate*, *Gallien*, & de leurs ſectateurs, qui n'ignoroient pas le battement du cœur & des arteres, & conſidéroient l'état du pouls dans la pratique ; & que depuis, les organes de cette fonction euſſent été bien démontrés par *Silvius*, les deux *Riolan*, & les autres anatomiſtes médecins & chirurgiens de l'Europe : cependant on agitoit toujours cette queſtion ; on la traitoit par écrit, comme ſi elle eût été encore nouvelle ; & ceux qui y brilloient le plus, ſe faiſoient un nom.

Au rapport de M. Félibien des Avaux (hiſtoriographe des bâtimens du roi, garde des antiques, de l'académie des inſcriptions & médailles), le 12 janvier 1693, M. *Joſeph* Thomaſſeau de Curſay prononça, en préſence d'une aſſemblée nombreuſe & choiſie, dans une des ſalles du jardin royal, un fort beau diſcours ſur la *circulation du ſang*, qui dura une heure & demie..... Le même auteur ajoute que le roi, ſur les récits que lui firent les grands qui venoient d'aſſiſter au diſcours, voulut voir ce ſçavant, le reçut avec diſtinction, & s'entretint avec lui trois quarts-d'heure. Sa majeſté, qui avoit fait expédier une ordonnance de dix mille livres, les lui donna elle-même, lui diſant que C'ÉTOIT UN PRÉSENT, ET QU'ELLE LE RETENOIT POUR SON MÉDECIN-ORDINAIRE.... A quoi M. Thomaſſeau répondit : *Sire, votre majeſté me fait trop de graces ; je ne ſuis pas fait pour réuſſir à l'ombre des courtiſans d'un grand prince : la cour eſt pour moi une mer orageuſe où j'échouerois : je ſerai toujours prêt, lorſqu'il s'agira de la ſanté de votre majeſté & de la famille royale, & j'accourrai à leur ſecours, même ſans être mandé.* J'ADMIRE VOTRE PHILOSOPHIE, repliqua le roi, ET VOUS EN ESTIME DAVANTAGE ; & il ajouta, en lui donnant ſon portrait : SOUVENEZ-VOUS DE MOI ET DE LA PROMESSE QUE VOUS VENEZ DE ME FAIRE.

Cependant M. Thomaſſeau n'avoit point donné la découverte de la *circulation du ſang* comme nouvelle : au contraire, il prouva dans ce diſcours célebre, que M. Félibien appelle *très-ſublime*, que mal-à-propos on avoit fait honneur de cette découverte, en 1628, à *Harvé*, médecin anglois ; puiſque nombre d'anciens médecins, dès les 12, 13, 14 & 15mes ſiecles l'avoient parfaitement connue, quoique pluſieurs n'eussent pas entrepris de la rendre publique, par la crainte de la nouveauté, toujours suspectée de magie, & redoutée dans ces temps d'ignorance : il prouva qu'*André* Cesalpinus en avoit parlé dès l'an 1593 ; que *Jean* Leonicenus annonçoit que *Fra-Paolo* avoit connu non seulement la *circulation du sang*, mais qu'il avoit même découvert les valvules des veines, sans avoir osé s'en expliquer ; & qu'ayant confié son manuscrit à *Fabricius de Aquapendente*, celui-ci le fit voir au sénat de Venise, qui le retint dans sa bibliotheque.

« La cour, dit M. Félibien, a ordonné l'édi» tion de cet admirable discours, dont il a été » imprimé trois mille exemplaires qui ont été » enlevés d'abord ».

En 1687, M. Thomasseau fut nommé professeur de chirurgie. Par son programme il devoit faire un cours d'opérations : M. Perrault, doyen, comptoit sur le cadavre d'un criminel exécuté ; mais M. Littre, encore étudiant, ou plutôt, qui n'avoit ni titre, ni grade, & qui faisoit des cours particuliers d'anatomie avec célébrité, avoit pris les devans, avoit retenu & acheté le corps, & l'avoit fait transporter dans le temple, lieu privilégié. Cependant le cours de M. Thomasseau étoit affiché & annoncé pour tel jour : M. Perrault, avec la permission de M. le grand-prieur (*Philippe* de Vendôme) , fit enlever le cadavre , & le fit apporter aux écoles.

Nos mémoires nous repréſentent M. *Joſeph* Thomaſſeau de Curſay , comme un homme agréable aux grands , charitable envers les pauvres , aſſidu , autant qu'il le pouvoit , à ſa paroiſſe , & le plus ſouvent dans l'œuvre , pour l'édification.

Cet homme , que Louis XIV avoit jugé digne de fixer ſon attention , de récompenſer magnifiquement , & de faire monter à la cour , décéda à Paris , le 8 mars 1710 , âgé d'environ 67 ans, & fut inhumé à ſaint Severin , dans la chapelle du ſaint-Sacrement.

Il a laiſſé pour héritier de ſes biens & de ſa vertu , meſſire Jean-Marie-Joſeph Thomaſſeau de Curſay , de Landry , &c. ſous-diacre du dioceſe de Paris , chanoine-honoraire d'Appoigny-lez-Régennes , reçu avocat au parlement , en février 1727. Ce digne fils vient de nous donner le portrait de ſon pere , pour en honorer la mémoire , & la faire revivre dans la faculté. Voici ce que lui ont écrit à ce ſujet MM. Le Thieullier & Alleaume , doyens. Ces lettres honorables ſont conſignées dans nos regiſtres ; nous allons les tranſcrire :

LETTRE DE M. LE THIEULLIER.

MONSIEUR,

J'ai fait lecture de votre lettre à la faculté, qui l'instruit du présent que vous lui avez fait du tableau de Monsieur votre pere, & d'un ouvrage consacré à la gloire de vos ancêtres : le tableau est placé au rang de ceux qui lui rappelleront la mémoire de ses membres les plus distingués. Le soin que vous avez pris, MONSIEUR *de réunir les anecdotes d'une famille, dans laquelle le mérite & la vertu ont été héréditaires, prouve que vous étiez digne d'en être, & vous donne le droit de partager l'estime que des titres continués lui ont acquise. La compagnie m'a chargé de vous remercier en son nom; je suis flatté que le mien serve à constater le témoignage de sa reconnoissance.*

J'ai l'honneur d'être,

MONSIEUR,

Votre très-humble & très-obéissant Serviteur
LE THIEULLIER, Doyen de la
Faculté de Médecine de Paris.

A Paris, le 24 Octobre 1773.

LETTRE DE M. ALLEAUME.

MONSIEUR,

Je me hâte de remplir le vœu de la compagnie, en répondant à la lettre que vous m'avez fait l'honneur de m'écrire, & dont je lui ai fait lecture dans l'assemblée d'aujourd'hui, dite prima-mensis.

La faculté, MONSIEUR, *accepte les objets détaillés dans votre lettre, que je lui ai présentée de votre part; & l'ayant informée que vous desiriez de la sienne un de ses jetons, elle vous prie,* MONSIEUR, *pour preuve de sa reconnoissance, de vouloir bien accepter, non seulement le jeton que vous desirez; mais elle a arrêté que, à l'avenir, celui de chaque doyen vous seroit remis, ainsi qu'un exemplaire des thèses qui seront par la suite soutenues dans ses écoles. Je suis très-flatté,* MONSIEUR, *de m'acquitter de cette commission, puisqu'elle me met à même de vous prouver les sentimens de la haute estime avec laquelle j'ai l'honneur d'être,*

MONSIEUR,

Votre très-humble & très-obéissant Serviteur
ALLEAUME, Doyen de la Faculté de Médecine.

A Paris, le 1er Septembre 1775.

Pour rédiger cet éloge historique, nous avons

puisé dans un ouvrage intitulé : ANECDOTES SUR DES CITOÏENS VERTUEUS DE LA VILLE D'ANGERS, *in*-4°. *Paris*, 1773 : livre dédié à M. Ayrault de Sainthenis ; présenté à MM. du corps-de-ville ; du présidial ; de l'académie royale des sciences ; & aux facultés en l'université d'Angers. Les chefs de ces compagnies ont adressé à M. l'abbé de Cursay des réponses infiniment honnêtes : la ville a daigné lui députer son maire & capitaine-général, le 7 janvier 1774. Voyez aussi le journal de Trévoux, novembre 1761 : & les *recherches historiques sur la ville d'Angers, avec son plan*, pag. 29, & suiv. *in*-4°. Paris, *Morin*, 1776 : (*ouvrage présenté à MONSIEUR, duc d'Anjou*, par le Sr MOITHEY, ingénieur-géographe du roi ; homme supérieur pour l'exactitude & la grace dans tous ses *plans* gravés des villes, &c. ainsi que bon critique en ses *recherches*.)

---

(1) Le premier emploi municipal de la ville d'Angers, est un emploi noble ; qui même, au besoin, anoblit celui qui l'exerce, & ses descendans.

(2) Tout fief seigneurial fut à son possesseur une preuve de noblesse, avant l'ordonnance de Blois, en 1579, article 258, non rétroactif.

(*Assertions notoires*).

SUIT l'éloge de M. PIERRE-JEAN-BAPTISTE CHOMEL, doïen de la faculté, en 1738 & 1739, *mort le* 3 *juin* 1740.

De l'Imprimerie de B. MORIN, rue S. Jacques, à la Vérité.

www.ingramcontent.com/pod-product-compliance
Ingram Content Group UK Ltd.
Pitfield, Milton Keynes, MK11 3LW, UK
UKHW020458220726
13923UKWH00006B/2628

9 782019 270148